REPONSE

AUX IMPUTATIONS ET ALLÉGATIONS

CALOMNIEUSES

A L'ÉGARD DU

CITOYEN LOUIS-NAPOLÉON-BONAPARTE

IMPRIMERIE DE D'AUBUSSON PASSAGE DES PANORAMAS,

Galerie Montmartre, 16.

LIBERTÉ, EGALITÉ, FRATERNITÉ.

HONNEUR ET PATRIE.— TOUT POUR LE PEUPLE FRANÇAIS.

—

RÉPONSE

AUX IMPUTATIONS ET ALLÉGATIONS

CALOMNIEUSES

A L'ÉGARD DU

CITOYEN LOUIS-NAPOLÉON-BONAPARTE

Tirée de ses Paroles, de ses Actes et de ses ouvrages,

DEPUIS 1830 JUSQU'A CE JOUR,

et de sa Biographie par MM. Germain Sarrut et Saint-Edme,

publiée en 1836;

MISE EN ORDRE

Par EUGÈNE LEVEAUX,

Républicain de la veille.

—=•> ⊃⊃⊃⊃⊃ ⊂⊂⊂⊂—

PARIS.

CHEZ L'AUTEUR, 33, RUE NEUVE-SAINT-EUSTACHE.

—

1848

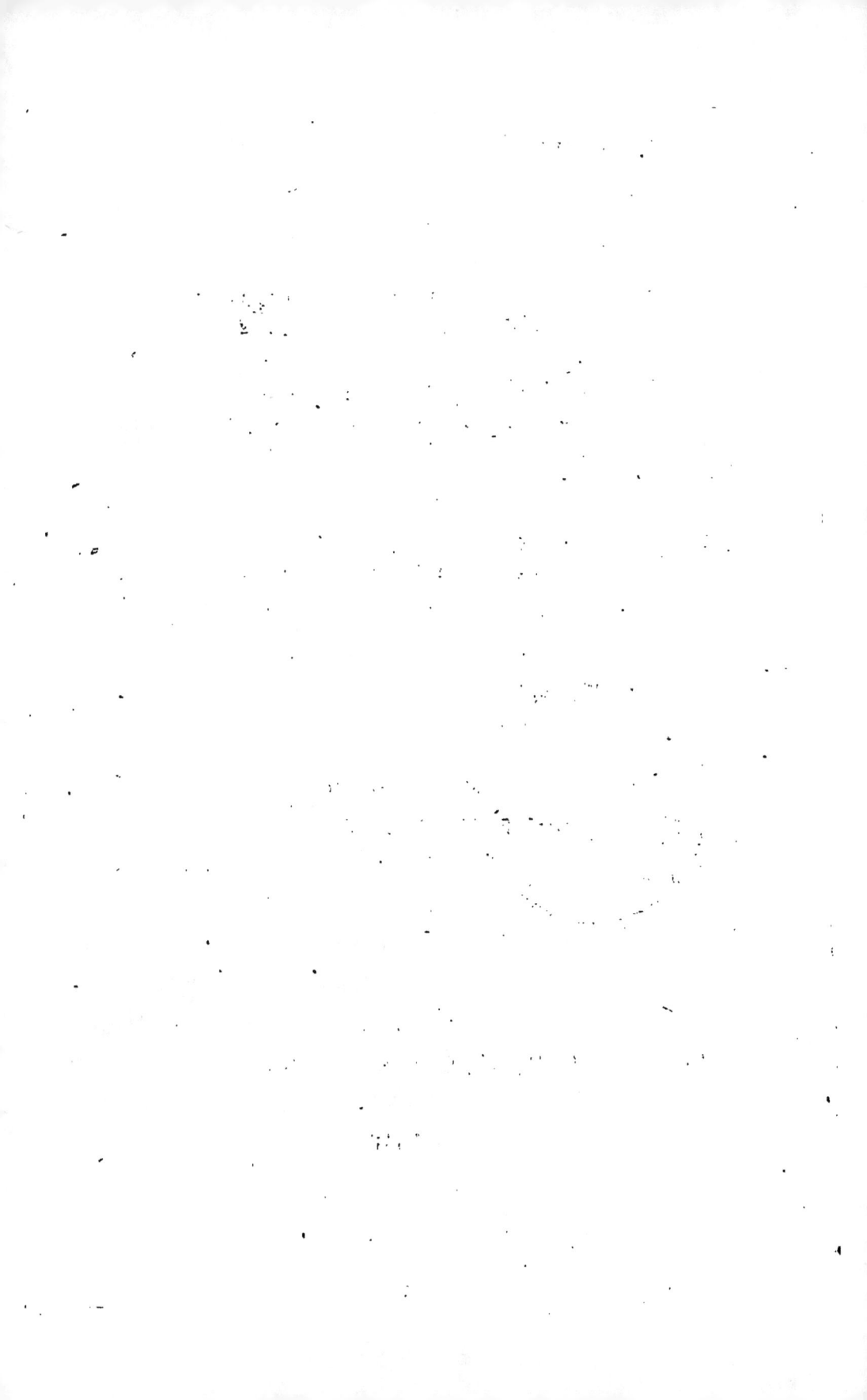

LIBERTÉ, ÉGALITÉ, FRATERNITÉ.

Honneur et Patrie. — Tout pour le Peuple français.

—◦◦◦◦◦◦◦◦◦◦◦◦—

En politique, comme en matière de religion, il y a presque toujours aveuglément et intolérance ; les passions ne raisonnent pas! nous en avons pour preuves les attaques journalières, et les faux jugements portés à l'égard du citoyen Lonis-Napoléon Bonaparte, depuis sa quadruple élection de Représentant du peuple à l'Assemblée Nationale.

On dit chaque jour, et on écrit perfidement : *C'est encore un prétendant!* — *C'est un ambitieux!* — *Il n'est plus Français!* — *C'est un homme sans moyens!* Que d'articles implacables, calomnieux, n'a-t-on pas inséré dans les organes de la presse de Paris ; on croirait lire les plus grossières diatribes des journaux ultra-royalistes de 1814 ; car, manquant de raisons valables contre l'homme qu'ils tentent de faire repousser par l'opinion générale ; ils vont jusqu'aux plus indignes insultes à la mémoire de « l'hom-« me immense, qui a fait tirer le dernier coup de canon » glorieux en France », selon l'expression du savant chimiste F.-V. Raspail. A voir cet acharnement contre Louis-Napoléon, il semblerait que certains hommes ne jalousent cette victime des malheurs de la grande nation, que par crainte d'un concurrent à la place qu'ils ambitionnent ! Dans tous les cas, une loyale discution serait plus réellement républicaine.

C'est un prétendant et un ambitieux, dites-vous? et la preuve que vous en donnéz, résulte des affaires de Strasbourg et Boulogne?

Pour répondre à ces allégations, il n'est besoin que de citer les paroles prononcées par Napoléon-Louis à l'ex-Cour des pairs, en 1840 : « Depuis cinquante ans que le « principe de la souveraineté du peuple a été consacré « en France, par la plus puissante révolution qui se soit « faite dans le monde, jamais la volonté nationale n'a été « proclamée aussi solennellement, n'a été constatée par

« des suffrages aussi nombreux et aussi libres que pour
« l'adoption des constitutions de l'Empire.

« La nation n'a jamais révoqué ce grand acte de sa sou-
« veraineté, et l'Empereur l'a dit : *Tout ce qui a été fait*
« *sans elle est illégitime*.

« Aussi, gardez-vous de croire que, me laissant aller aux
« mouvements d'une ambition personnelle, j'aie voulu ten-
« ter, en France, malgré le pays, une restauration impé-
« riale. J'ai été formé par de plus hautes leçons, et j'ai
« vécu sous de plus nobles exemples.

« Je suis né d'un père qui descendit du trône sans re-
« gret, le jour où il ne jugea plus possible de concilier,
« avec les intérêts de la France, les intérêts du peuple qu'il
« avait été appelé à gouverner.

· · · · · · · · · · · ·

« J'ai pensé que le vote de quatre millions de citoyens
« qui avaient élevé ma famille, nous imposait au moins
« le devoir de faire appel à la nation, et d'interroger sa
« volonté · · · · · · · ·

« La nation eût répondu : République ou Monarchie,
« Empire ou Royauté. De sa libre décision dépend la fin
« de nos maux, le terme de nos dissentions. » Puis, ce
fragment de la lettre que le prisonnier de Ham écrivit, le
24 octobre 1843, à M. Frédéric Degeorge, rédacteur en
chef du journal *Le Progrès*, du Pas-de-Calais : « *Jamais*
« *je n'ai cru, jamais je ne croirai que la France soit l'apa-*
« *nage d'un homme ou d'une famille ; jamais je n'ai invoqué*

« *d'autres droits que ceux de citoyen français.* » Puis en-
« core cette par ie de la lettre de Louis-Napoléon à l'Assemblée Nationale, datée du 20 mai dernier : « En pré-
« sence d'un roi élu par deux cents députés, je pouvais me
« rappeler d'être l'héritier d'un empire fondé par l assen-
« timent de quatre millions de Français. En présence de la
« souveraineté nationale, je ne puis et ne veux revendiquer
« que mes droits de citoyen français ; mais ceux-là je les
« réclamerai sans cesse avec l'énergie que donne à un
« cœur honnête le sentiment de n'avoir jamais démérité
« de sa patrie. » Après cette profession de foi toute démocratique adressée à l'Assemblée Nationale, laquelle ne
voulût pas en permettre la lecture, ne semblait-il pas y
avoir parti pris en incriminant sa seconde lettre, où se
trouve ce passage : « . . . . Je ne méritais donc point d'ê-
« tre exposé à des soupçons injurieux. Je demanderai en-
« core moins le pouvoir.

« Si le peuple m'impose des devoirs, je saurai les rem-
« plir ; mais je désavoue toute tentative qui me prêterait
« des intentions ambitieuses. » Si cette lettre n'eût été
précédée par une profession de foi si explicite, on aurait
pu concevoir les interprétations dont elle fut alors l'objet ;
le parti national est payé pour être soupçonneux ; mais
elles n'étaient pas permises, ce nous semble, après cette
phrase significative : « Je ne peux, et ne veux revendiquer
« que mes droits de citoyen français. »

C'est un homme sans moyens? — Il n'est pas Français?

Voici ce que dit à ce sujet la biographie de Napoléon-
Louis, par MM. Germain Sarrut et Saint-Edme (1836) :
« Les études philosophiques et les travaux d'économie po-
« litique du prince Napoléon-Louis, poursuivis avec un
« zèle infatigable, portèrent bientôt leur fruit. Le prince
« publia une brochure fort remarquable, intitulée : *Consi-*
« *dérations politiques et militaires sur la Suisse*. Cette bro-
« chure annonça un beau talent de penseur et d'écrivain ;
« elle fit une grande sensation dans le monde diplomatique
« et dans l'esprit des gens de guerre. D'une part, toutes
« les constitutions des différents cantons y étaient exami
« nées, décrites et analysées avec une sagacité bien éton-
« nante dans un si jeune publiciste. On y reconnut le coup
« d'œil, et la raison éclairée d'un homme d'Etat déjà mûr;
« Les hautes vues y abondaient. L'Helvétie en fut vivement
« frappée, elle y applaudit avec chaleur, car elle entrevit
« dans cette brochure les éléments d'une meilleure orga—
« nisation républicaine dans l'avenir. D'une autre part, la
« question militaire y était traitée d'une manière large et
« savante. Le prince y établissait un système de ligne de
« défense, qui, franchement adopté par la diète helvéti-
« que, rendrait la république presque inabordable aux
« hostilités des puissances absolutistes. Cette partie de la
« brochure a des traits qui rappellent le fameux chapitre
« de Bonaparte, sur le système défensif de l'Italie. La pa-
« renté est dans l'âme comme dans le sang.

« Le gouvernement helvétique, pour donner plus de

« prix et plus d'éclat à cette hospitalité que le prince payait
« si bien en talent et en œuvres d'utilité publique, lui dé-
« cerna par acclamation, et à l'unanimité, le titre *honori-*
« *fique* de citoyen de la république Suisse. *Cette qualité*
« *n'entraîne pas la naturalisation.* Cette marque d'honneur
« avait été déférée à deux grands personnages politiques ;
« une fois au maréchal Ney, lors de l'acte de médiation :
« une autrefois au prince de Metternich, sous l'influence
« des évènements de 1815, par l'aristocratie de Berne. »

« Devenant plus populaire et plus aimé de jour en jour,
« le prince Napoléon-Louis ne tarda pas à recevoir du
« gouvernement de la Suisse un témoignage plus distingué
« de son estime et de sa confiance ; dans le mois de juin
« 1834, il fut nommé capitaine d'artillerie au régiment de
« Berne. Son nouveau grade donna lieu à de vives dé-
« monstrations de fraternité de la part de ses camarades.
« Ainsi, le prince ne pouvant servir la liberté sous le dra-
« peau de sa patrie, selon les vœux de son âme ardente ,
« obtenait une noble réparation d'une république recon-
« naissante, qui le consolent des injustices du sort. Il en-
» trait dans la carrière militaire comme l'empereur, son
» oncle ; il commençait , comme lui , dans l'arme de
« l'artillerie, avec le titre de capitaine, et dans une
« république. Un tel rapprochement de circonstances doit
« le rendre fier et l'élever à ses propres yeux. »

La loyauté patriotique de l'excellent républicain et digne
représentant, Germain Sarrut, est le consciencieux garant

de sa profonde conviction, lorsqu'il écrivit cette biographie, avec le concours de son estimable collaborateur.

Oserait-on répliquer qu'en acceptant du service en Suisse, sans l'autorisation préalable du gouvernement du 9 août, Napoléon-Louis avait perdu la qualité de Français ? — Exilé de France de par la sainte-alliance et les Bourbons, par cet abus de la force ennemie, confirmé par la loi parjure de 1832, contrairement à la volonté de la nation, seule souveraine; sa position lui imposait le devoir de protester contre ce système que subissait la patrie: il lui aurait manqué, s'il avait adressé une pareille demande à ce pouvoir anti-français.

Empruntons encore à sa Biographie ce passage significatif. « Vers la fin de cette même année 1835, après trois « ans de laborieuses recherches, de graves méditations sur « l'art de l'artillerie, et des études approfondies, après un « long travail d'expériences-pratiques, le prince Napoléon-« Louis s'est placé au premier rang des écrivains et des « tacticiens militaires par la publication d'un ouvrage des « plus substentiels, sous le titre modeste de : *Manuel d'ar-*« *tillerie pour la Suisse.* C'est un cours à l'usage de toutes « les nations modernes ; mais on voit que pour le jeune « auteur, c'est toujours la France qui est à l'horizon de sa « pensée. Il y explique de la manière la plus lumineuse le « génie de Napoléon, dans ces grandes manœuvres de ses « grands jours de victoire.....

« *Le Spectateur militaire* (1) , la presse nationale de
« France, les journaux suisses et anglais en ont parlé comme
« d'une œuvre capitale, *comme du meilleur traité d'artil-*
« *lerie qui existe en Europe* ? »

Non, ce ne peut être un homme sans moyens, celui qui
dès l'âge de vingt-sept ans avait produit un tel ouvrage ! Ce
ne peut être un homme sans moyens, celui qui, quatre années avant (1832) avait déjà, dans une brochure intitulée :
Rêveries politiques, formulé une constitution, laquelle se
trouve être en grande conformité d'idées avec la plupart
des articles du projet de constitution actuellement en dis-
cussion à l'Assemblée nationale (six articles de ces deux
projets sont textuellement pareils). Dans cette constitution
républicaine-impérialiste (2), les droits de l'homme et du
citoyen, la souveraineté du peuple et le pouvoir judiciaire
y sont définis d'une manière toute démocratique ; nous en
citerons les dispositions particulières, si remarquablement
libérales : « le cautionnement pour les feuilles périodiques
« est aboli. »

- « La Légion d'honneur est maintenue, mais elle n'est dé-
« cernée par l'empereur de la République que lorsque le
« mérite de l'individu est reconnu par une commission
« nommée dans ce but. »

---

(1) Le compte-rendu du Manuel est attribué au général
Pelet.

(2) Le fils du Grand Napoléon existait encore à cette époque.

Après avoir examiné avec attention ce projet de constitution de Napoléon-Louis on est patriotiquement amené
à regretter que l'une de ses expéditions (Strasbourg ou
Boulogne) n'ait pu réussir. Dès cette époque le peuple
aurait recouvré ses droits et sa souveraineté. Cette
constitution revisée par les citoyens représentants du
peuple qui en discutent une aujourd'hui seulement, aurait pu, sans secousses, doter le pays, huit à douze années
plutôt, deliberté, de grandeur et de prospérité.

Nous n'avons point l'honneur de connaître personnelle-
ment le citoyen Louis-Napoléon Bonaparte, mais en voyant
ses écrits de toutes les époques de sa vie et, par exemple,
son *Analyse de la question des sucres*, publiée en 1842, et
l'*Extinction du Paupérisme*, ouvrages d'économie politique
qui, d'après le rapport des esprits les plus compétents, sont
les meilleurs traités connus sur ces questions; puis enfin son
écrit intitulé : *des Gouvernements et leurs soutiens*, auquel
nous empruntons les lignes suivantes : « C'est qu'en effet
« échaffauder n'est pas bâtir. Faire appel aux passions de
« la foule n'est pas gouverner. On ne fonde solidement que
« sur le roc. Or, bâtir aujourd'hui sur le roc, c'est asseoir
« le gouvernement sur une organisation démocratique. »
Nous demeurons convaincus non-seulement de son ardent
amour de la liberté de sa patrie et de son désintéressement
tout républicain, mais encore, de ses profondes et incon-
testables connaissances, de sa haute intelligence, ainsi que
de son courage si douloureusement éprouvé en 1830, lors

de l'insurrection de la Romagne où lui et son regrettable frère (1) combatirent, contre les Autrichiens, pour la liberté de l'Italie.

Nous ne craignons pas de le dire hautement, il n'est pas un républicain digne de ce nom qui, la main sur la conscience, après avoir examiné les actes et les ouvrages de ce noble enfant de Paris, oserait dire qu'il n'est pas, en tous points, véritablement digne de servir notre jeune et maternelle république. Répétons, en terminant, avec l'honorable et excellent président de l'Assemblée nationale (M. Armand Marrast), à la fin de son beau rapport sur le projet de constitution : « Que tous les amis de la France « apportent à la République le concours de leurs peines, « de toutes leurs volontés, de leurs talents. C'est à vous « qu'il appartient de les unir. Fondez d'une main ferme les « principes républicains; fortifiez-les par les institutions « organiques, où ils puiseront la vie; fiez-vous ensuite au « bon sens, à la dignité de ce peuple; il ne souffrira pas « qu'on lui enlève ce qu'il a conquis; il ne se dégradera pas « aux yeux du monde en abaissant son propre droit devant « les emblêmes finis du passé, c'est pour lui que vous au- « rez construit le monument, il le prendra sous sa garde et « bénira votre sagesse qui l'aura élevé. »

Au moment de mettre sous presse, on nous fait à peu près cette question : *Louis-Napoléon est-il bien l'auteur des*

(1) Son frère mourut pour cette sainte cause.

différens ouvrages publiés sous son nom? — En réponse, nous faisons cette autre question par induction logique : *L'esprit éminent, à la fois homme d'Etat, tacticien militaire, économiste, capable de faire des œuvres de cette portée, voudrait-il consentir à en abandonner la paternité lorsqu'en la conservant, il en peut résulter pour lui réputation, gloire, grades, honneur et fortune?*

Non, tant de désintéressement n'est pas donné à l'homme.

OUVRAGES DU MÊME AUTEUR.

—◦◦◦◦◦-◦◦◦◦◦—

A L'AME DE NAPOLÉON-LE-GRAND, chant national, avec chœur (1840).

LE TRIOMPHE DE LA FRANCE, ou LA RÉPUBLIQUE RECONQUISE, chant patriotique (1848).

A L'AME DE MOLIÈRE, cantate nationale, avec chœur, composée pour l'anniversaire de sa naissance.

L'AMOUR DE LA PATRIE, grande cantate faite pour le concours de l'Institut (1848).

L'OCÉAN POPULAIRE (octobre 1847). A NOTRE POÈTE NATIONAL J. P. DE BÉRANGER. — RÉPONSE A SON OEUVRE INTITULÉE : UN DÉLUGE.

Imprimerie de d'Aubusson, passage des Panoramas, galerie Montmartre, 16.